백성을 사랑한 화가
윤두서

책마을 인물이야기 7 - 윤두서
백성을 사랑한 화가 윤두서

초판 1쇄 발행 2014년 9월 30일 | 초판 3쇄 발행 2021년 12월 1일
글 김해원 | 그림 장경혜
발행인 이재진 | 도서개발실장 안경숙 | 편집인 이화정 | 책임편집 박현종
기획·편집 이해선 | 디자인 하늘·민 | 마케팅 정지운, 김미정, 신희용, 박현아 | 제작 신홍섭

펴낸곳 (주)웅진씽크빅
주소 경기도 파주시 회동길 20 (우)10881
문의전화 031)956-7402(편집), 02)3670-1191, 031)956-7065, 7069(마케팅)
홈페이지 www.wjjunior.co.kr | 블로그 wj_junior.blog.me | 페이스북 facebook.com/wjbook | 트위터 @wjbooks | 인스타그램 @woongjin_junior
출판신고 1980년 3월 29일 제 406-2007-00046호 | 제조국 대한민국

글ⓒ김해원 2014 | 그림ⓒ장경혜 2014
저작권자와 맺은 특약에 따라 검인을 생략합니다.
ISBN 978-89-01-16618-6·978-89-01-14495-5(세트) 77990

웅진주니어는 (주)웅진씽크빅 유아·아동·청소년 도서 브랜드입니다.
이 책은 저작권법에 따라 보호받는 저작물이므로 무단전재와 무단복제를 금지하며,
이 책의 내용 전부 또는 일부를 이용하려면 반드시 저작권자와 (주)웅진씽크빅의 서면동의를 받아야 합니다.

잘못 만들어진 책은 바꾸어 드립니다.
주의1. 책 모서리가 날카로워 다칠 수 있으니 사람을 향해 던지거나 떨어뜨리지 마십시오. 2. 보관 시 직사광선이나 습기 찬 곳은 피해주십시오.

백성을 사랑한 화가 윤두서

글 김해원 · 그림 장경혜

웅진주니어

차례

빚 문서를 모두 태워 버리다 …… 6

아낙네를 훔쳐보다 …… 22

형과 벗을 잃고 슬픔에 빠지다 …… 44

나는 어떤 사람일까? …… 58

빚 문서를 모두 태워 버리다

조선 땅 남쪽 끝자락에 있는 해남은 여름이면 비가 흔했어. 1714년 여름도 그랬어. 며칠 동안 밤낮으로 비가 퍼부었지. 비가 잦아드는가 싶으면 바람이 몰아쳤어. 바닷물은 폭풍에 휘말려 이리저리 요동쳤어. 바닷가에 오래 살았던 사람들은 낯빛이 어두워졌어.
"바람이 심상치 않네. 아무래도 큰일 한번 치르겠어."
평생 뱃일을 한 노인 하나가 바다를 넘겨다보면서 중얼거렸지.
바닷가에 집채만 한 파도가 밀려들고 있었어.
노인은 마을 사람들에게 소리쳤어.
"다들 얼른 피해야 쓰것다. 물이 들이칠 것 같으니 산으로 피해라!"
노인의 말에 마을 사람들은 허둥지둥 마을 뒷산으로 올라갔어. 아낙들은 어린아이를 둘러업고, 사내들은 가축을 끌고 나섰지.

얼마 뒤 파도가 산처럼 높이 치솟으면서 마을을 덮쳐 버렸어.
옹기종기 모여 있던 집을 죄다 무너뜨리고, 곡식이 자라고 있던 논과
밭을 흔적도 없이 쓸어 버렸지.
바닷물이 빠진 뒤 쑥대밭이 된 마을에 내려온 사람들은 기가 막혀
눈물도 나오지 않았어.

"하늘도 무심하시지. 없는 사람들 것을 이렇게
다 빼앗아 가 버리면 어찌 살까?"

"살아도 산목숨이 아니지. 일 년 농사를 다 망쳤으니
굶어 죽게 생겼네."
고을 현감이 급하게 관아 곳간을 열어 쌀을 풀었지만,
그것만으로는 오래 버티기 어려웠지. 마을 사람들은
하나둘 다른 곳으로 떠날 궁리를 했어. 앉아서
굶어 죽느니 어떻게든 살길을 찾아야 했거든.

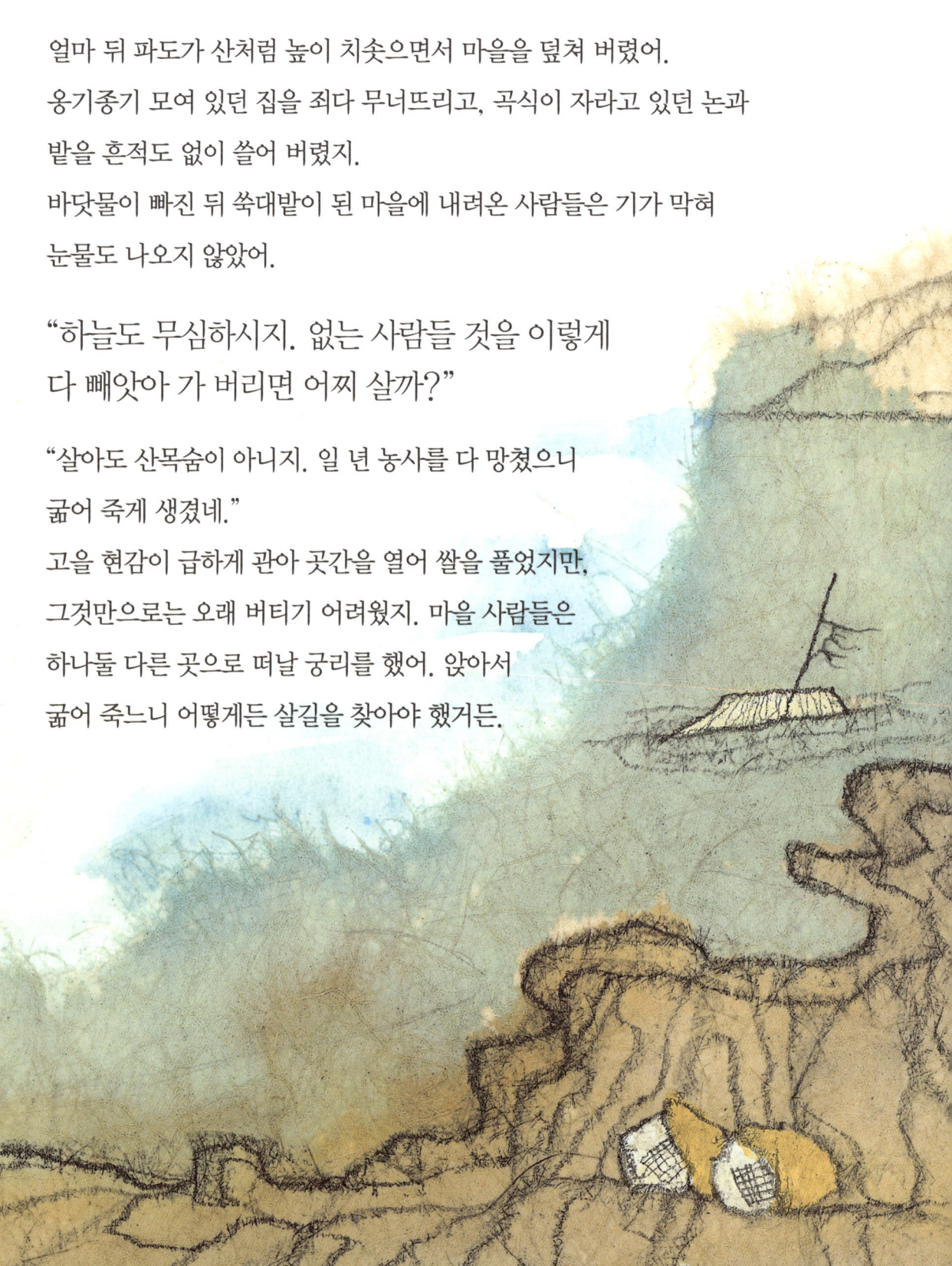

그러던 참에 양반 하나가 마을을 둘러보고 다니잖아. 마을 사람들은 양반 뒤통수를 노려보면서 수군댔어.

"저 양반은 뭣 하러 기어 나와 돌아다니는가? 물난리 나서 쪽박까지 깨진 불쌍한 사람들 구경 나왔나 보네."

"불쌍한 걸 알면 쌀자루라도 들고 나와야지. 남은 울화통이 터지는데 뒷짐 지고 잰 체하면서 걷는 꼴 좀 봐라."

"책만 들여다보고 공자 왈 맹자 왈 읊다가 세월 다 보내는 양반이
세상 물정을 알겠는가?"
평생 뙤약볕 아래서 일해서 얼굴이 새까맣게 탄 농사꾼들은 들으라는 듯
큰 소리로 비아냥댔어. 본래 이 바닷가 마을 사람들은
양반들한테 고분고분하지 않았거든.

양반은 마을을 휘둘러보고는 하인 하나를 마을 사람들한테 보냈어.
하인은 마을에서 가장 나이 많은 노인을 찾았어. 하인은 노인에게 양반의
말을 전했지. 노인은 하인이 간 뒤 마을 사람들을 불러 모았어.
"이보게들, 하늘이 무너져도 솟아날 구멍이 있다는 말이 틀린 말이
아니네."
"아니, 그게 뭔 말이오? 그 양반이 쌀이라도 대 준다고 했소?"
"쌀은 아무것도 아니지. 산을 내놓았다네."
노인의 말에 마을 사람들이 어리둥절한 얼굴로 웅성거렸어. 젊은 사내
하나가 큰 소리로 물었지.
"산을 내놓다니 그게 뭔 말입니까?"

"산에 있는 나무를 베어 쓰라는군. 농사를 망쳤으니 살 방도를 찾아야 하지 않겠느냐면서 바닷물을 끓여 소금을 만들라는 거야."

마을 사람들은 노인의 말이 믿기지 않았어. 나무 같은 큰 재산을 모르는 사람들한테 선뜻 내놓는 게 말이 되느냐고?

"살다 살다 그런 양반은 처음 보오. 정말 그렇게 인심 좋은 양반이 있단 말이오?"

"나도 믿기지 않았지. 한데 지금이라도 당장 산에 가서 나무를 베라는군. 자, 다들 얼른 일하게나. 나무도 베고, 바닷물 끓일 솥도 걸고, 소금 만들 바닷물도 가두고, 할 일이 태산이야!"

노인은 못 미더워하는 사람들을 재촉했어.

사람들은 할 일을 찾아 삼삼오오 흩어지면서 수군댔지.
"아니, 도대체 어느 집 양반이야?"
"저기 아까 온 하인이 녹우당에서 온 것 같다는데?"
"녹우당? 녹우당 주인이 작년 봄에 식구들을 다 데리고
한양에서 내려왔다고 하더니만……."
마을 사람들은 자신들에게 은혜를 베푼 녹우당
새 주인이 누굴까 궁금했지.
녹우당의 주인은 대대로 해남에서 이름을 떨치는
윤씨 가문 사람들이야. 오래전 녹우당에 살았던 윤선도는 학문이 뛰어나
임금의 스승 노릇을 했고, 늙어서도 예조 참의 벼슬에 올랐어. 녹우당도
임금이 지어 준 집이야. 이 고을에서 녹우당을 모르는 사람은 없었지.
"아니, 그럼 녹우당에 새로 온 주인은 누구야?"
"예조 참의 어르신의 증손자라고 하던데……."
"무슨 벼슬을 했는지 알아?"
고을 일이라면 모르는 게 없는 아낙들도 모두
고개를 절레절레 흔들었어.

하루는 녹우당 청지기 위상이 소금 만드는 일이 잘되는지 보러 왔어.
위상을 본 마을 사람 하나가 소맷자락을 붙잡았지.
"이보게, 녹우당 주인어른은 어떤 분이신가?"
"윤두서 어르신인데, 호가 공재라서 공재 어르신이라 부릅니다."
"그래, 그 공재인지 공짜인지 하는 분은 좋은 분이신가?"
"암요, 좋으시지요. 세상천지에 그런 분은 없지요."
위상은 어릴 적 일을 떠올리면서 입을 뗐지. 위상의 할아버지 홍렬은
착실한 노비로 크고 작은 집안일을 도맡아 했어. 윤두서의 아버지는
홍렬을 아껴서 여러 차례 두둑하게 돈을 챙겨 줬지.
윤두서의 아버지가 돌아가시고, 홍렬도 늙어 시름시름 앓았어.
윤두서는 홍렬이 아프다는 얘기를 듣고는 손자 위상을 불렀지.
"위상아, 할아버지 몸이 좀 어떠하냐?"
"제 할아비를 보고 사람들이 오늘 죽을지 내일 죽을지 모른다고 합니다."
"저런, 네가 할아버지를 돌보느라 힘들겠구나. 내가 도울 일은 없느냐?"
"따로 도울 일은 없사온데, 사람들이 할아비가 죽으면 돈을 주인어른한테
다 빼앗긴다고 떠들어 댑니다. 종놈 몸뚱이가 양반네 것이니, 몸뚱이에
지닌 돈도 양반 것이 된다면서요. 할아비는 주인어른이 그럴 분이
아니라고 하지만, 사람들이 믿지 않아 속상해합니다."

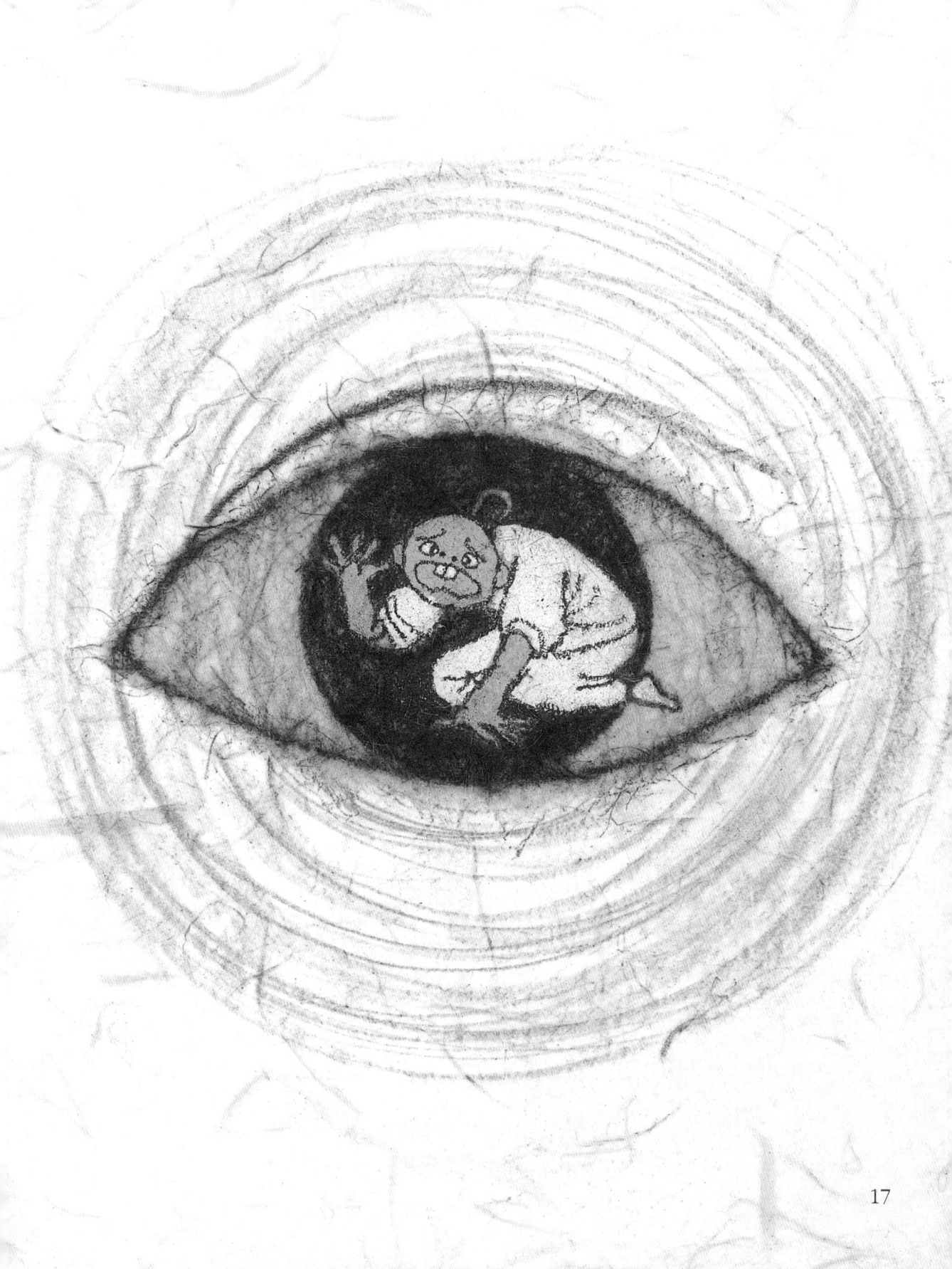

위상이 또박또박 대답하는 걸 듣고 있던 윤두서는 빙긋 웃었어.
"홍렬이 참으로 영특한 손자를 두었구나. 위상아, 그 일이라면 걱정하지 않아도 된다. 가만, 내가 뭘 좀 써 줄 테니 할아버지한테 갖다 주어라."
윤두서는 종이를 펼치고 붓을 들어 글씨를 써 내려갔어. 위상이야 까막눈이니 흰 종이에 검은 벌레가 꿈틀대는 것처럼 보였지.
"무어라 쓰시는 겁니까?"
위상은 무릎걸음으로 슬금슬금 다가가며 종이를 들여다봤어.
윤두서는 글을 쓰면서 입으로 읽어 내려갔지.
"어진 사람은 개나 말이 죽어도 예를 갖춰 장사를 지낸다. 동물도 그리 귀하게 여기는데, 하물며 사람을 하찮게 여기겠느냐? 하인이라 하여 살아서는 부려 먹고, 죽어서는 재산을 빼앗는 것은 사람의 도리가 아니다. 나는 사람의 도리를 다할 것이니 너는 이 글을 증거로 삼아라."
윤두서는 글을 다 쓴 뒤에 끄트머리에 도장을 꾹 눌러 찍었어.
위상은 입이 헤벌쭉 벌어졌어.
"이것만 있으면 아무 염려 없다는 말씀이시지요?"
"암, 그렇고말고. 행여 사람들이 뭐라 하거든 이 글을 보여 주어라."

위상은 제 얘기를 귀 기울여 듣는 마을 사람들을
둘러보면서 의기양양하게 말했어.
"우리 할아비가 그 편지를 받아 보고는 그럴 줄
알았다면서 고개를 끄덕였지요. 그러고는 공재
어르신이 빌려 준 돈을 받으려고 해남 땅에 내려온
얘기를 해 줬어요."
"해남에서는 윤씨 가문 땅을 밟지 않고는 지나갈 수 없다고 했으니,
빚진 사람도 많았겠지. 그래, 빚 받아서 또 땅을 샀다고 하던가?"
한 노인이 아는 체하면서 끼어들었지. 위상은 고개를 가로저었어.

"웬걸요. 공재 어르신은 빚진 사람들이 가난해서 돈을
갚을 수 없는 걸 알고는 돈 빌려 준 문서를 불태웠답니다."

"뭐라고? 문서를 불태우면 돈을 다시는 못 받을 텐데?"
마을 사람들의 눈이 간장 종지만 하게 커졌어.
"그렇지요. 공재 어르신은 엽전 한 닢 안 받고 한양으로 돌아갔대요.
우리 할아비는 공재 어르신을 입에 침이 마르도록 칭송했지요."
"세상에……. 부처가 따로 없군."
마을 사람들은 고개를 크게 끄덕이며 감탄했어.

아낙네를 훔쳐보다

녹우당에서 가까운 마을에 서당이 하나 있는데, 훈장은 걸핏하면
윤두서 얘기를 했어.
"녹우당에 사는 공재 어른께서는 어려서부터 지금껏 책을 끼고 사신다.
책에 세상을 아는 진리가 있다는 것을 일찌감치 깨달으신 분이지.
너희도 그분을 본받아 열심히 책을 보아라."
"그렇게 책을 보면 뭐 해요? 벼슬도 못 하고……."
도령 하나가 입을 삐죽거리자, 훈장이 버럭 소리쳤지.
"못 한 것이 아니라 안 하신 것이다. 과거에 급제하고도 벼슬아치들이
편을 갈라 싸우는 꼴이 보기 싫어 벼슬자리를 마다하셨다.
공재 어른께서는 올곧은 학자의 길을 택하신 것이다.
너는 녹우당 가까이 사니 공재 어른을 잘 보고 배워라."
"네, 그러지요."
도령은 시큰둥하게 대답했어.

도령은 서당을 오갈 때마다 녹우당을 기웃거렸어. 윤두서가 어떤 사람이기에 훈장님이 자꾸 들먹이는지 궁금했거든.
그러던 어느 날, 도령은 윤두서와 딱 마주쳤지. 윤두서는 하인이 끄는 말의 뒤꽁무니를 따라가고 있었어. 도령은 의아했지. 말이 왜 있겠어? 네발 달린 말은 타고 있고, 입으로 하는 말은 하라고 있는 거잖아.
게다가 양반이 나들이하려면 여섯 다리가 필요하다는 말이 왜 있겠어? 다리 넷 달린 말에 올라 말고삐 잡아 주는 하인을 데리고 나서야 사람들이 행세깨나 하는 양반이라고 여길 거 아냐.
도령은 윤두서가 어디에 가는지 알아보려고 슬금슬금 따라갔어.

윤두서는 마을을 빠져나와 한적한 강가에 이르자 하인을 불러 세웠어.
"여기가 좋겠구나. 말에게 물을 먹여라."
하인은 윤두서가 시킨 대로 말을 끌고 가서 물을 먹였어. 바람은 산들산들 불고, 휘늘어진 버드나무 가지는 낭창댔어. 흰말은 콧김을 길게 내뿜었어. 윤두서는 자그마한 바위에 걸터앉아 말을 바라보았어. 잠시도 말에서 눈을 떼지 않았지.

멀찌감치 서서 윤두서를 지켜보던 도령은 슬슬 지루해져 하품이 나왔어.
그때 하인이 도령을 보고는 다가왔지.
"여기서 뭘 하는 거요?"
그건 도령이 할 소리였지. 대관절 공재 나리는 지금 뭘 하는 거요?
날마다 책만 붙들고 산다는 분이 왜 온종일 말만 들여다보는 거요?
도령은 입에서 터져 나오는 말을 꾹 참고 태연하게 말했어.
"바람이 좋아서 쉬어 가는 중이오. 저분은 녹우당 공재 나리 같은데,
뭘 하시는 거요?"
"말을 보고 계시잖소."
"왜 말을 타지 않고 보고만 계시는 거요?"
"우리 나리는 원래 양반 행세한답시고 말 타는 걸 싫어하시오.
그리고 저렇게 보고 계신 건 다 까닭이 있다오.
어린 도령이 참견할 일은 아니라오."
하인은 더 말을 잇지 않고 가래침을 퉤 뱉더니 돌아갔어.
도령은 조롱당한 것 같아 얼굴을 붉히면서 그곳을 떠났지.

도령은 윤두서가 말을 보물단지처럼 바라만 보는 까닭을 알고 싶었어.
그 뒤로 도령은 틈만 나면 윤두서를 따라다녔어.
하루는 윤두서가 하인도 없이 혼자 나왔어. 도령은 잘됐다 싶어 바짝
따라붙었어. 윤두서는 나무 아래서 짚신을 삼는 노인을 보더니 발걸음을
멈췄어. 그러고는 짚신 삼는 걸 처음 보기라도 하는 것처럼
넋 놓고 쳐다보지 뭐야. 노인이 인기척을 느끼고는 일어서려 하자
윤두서는 다시 휘적휘적 걸었지. 도령도 얼른 걸음을
뗐어. 얼마 뒤 윤두서가 발걸음을 멈춘 곳은
가파른 산비탈이었어. 윤두서는 나물
캐는 아낙들을 보더니 갓끈을
고쳐 매지 뭐야.

도령은 윤두서가 아낙들을 힐끔대는 걸 단박에 알아챘지.
"그럼 그렇지. 훌륭한 선비인 체하더니만 아낙들이나 훔쳐보는 것 보라지."
도령은 윤두서가 세상 사람들이 아는 것과는 달리 아주 음흉한 사람일지도 모른다고 생각했어. 집에서 책만 본다는 말도 헛소문일 것 같았지. 양반입네 하면서 벼슬도 않고 일도 않고 허송세월하는 사람이 어디 한둘이야.
도령은 입맛이 쓴 표정으로 산에서 내려왔어.
그 뒤로 도령은 훈장이 윤두서 얘기를
하면 콧방귀를 뀌었지.

얼마 뒤 도령이 아버지 심부름으로 녹우당에 가게 됐어. 행랑채에 들렀다가 마당을 가로질러 나오는데 사랑채 마루에 윤두서가 앉아 있는 게 보이네. 도령은 목을 길게 빼고 넘겨다보았지.
윤두서는 어린 하인에게 일어나 봐라, 쪼그리고 앉아 봐라, 허리를 굽혀 봐라 그러고 있더라고. 도령은 참 별스러운 일이다 싶어 지켜보고 서 있었지. 그러다 윤두서와 눈이 딱 마주치고 말았어.
도령은 후닥닥 자리를 떴어. 그런데 어린 하인이 쪼르르 달려오더니 길을 막네.
"나리께서 잠시 들렀다 가시라고 합니다."
"나를?"
"네."
도령은 윤두서가 왜 부르는지 영문을 몰랐어.
'훔쳐보았다고 호통치려는 건가? 몰래 따라다닌 걸 눈치챘나?'
도령은 쭈뼛쭈뼛 하인을 따라가며 오만 가지 생각을 했어.

윤두서는 도령을 보자 올라오라고 손짓을 했어. 도령은 엉거주춤 허리를 굽혀 인사하고는 마루로 올라가 앉았어.

"저 아래 서당에서 공부하는 학동인가?"

"네."

"그래, 우리 집에는 웬일로 왔는가?"

"아버님 심부름을 왔습니다."

"그래, 한데 우리 예전에 몇 번 본 적이 있지 않은가?"

윤두서는 먹을 갈면서 도령을 쳐다봤어. 눈빛이 매서웠지.

도령은 윤두서의 뒤를 밟은 걸 들켰구나 싶어 얼굴이 빨갛게 달아올랐어.

도령은 망설이다가 두 눈 딱 감고 사실대로 말했지.

"제가 몇 차례 나리 뒤를 따라갔습니다."

"그러게, 그러더군. 어찌 그랬는가?"

윤두서는 대수롭지 않은 일이라는 듯 말하네. 도령은 혼쭐이 날까 봐 입이 바짝 타는데 말이야. 도령은 침을 꿀꺽 삼키고는 입을 떼었어.

"나리께서 어떤 분인지 궁금해 따라갔습니다."

"그래, 따라와 보니 내가 어떤 사람이던가?"

"이상했습니다. 말은 타지도 않고 끌고만 다니시고, 반나절 동안 말을 물끄러미 바라보고 계시는 것이……."

도령은 눈치를 살피면서 말을 잇는데, 윤두서는 묵묵히 먹을 갈 뿐이야.

"그래? 이상해 보일 만도 하네. 가만, 그날 내가 말을 지켜본 까닭이 궁금하겠군. 잠시만 기다리게나. 말을 왜 보았는지 보여 줄 테니."
윤두서는 자리에서 일어나 방으로 들어갔어.
도령은 윤두서가 보여 준다는 게 무엇일지 짐작도 할 수 없었지.
'혹시 커다란 몽둥이를 들고 나오는 건 아닐까?'
도령은 터무니없이 겁이 났어. 사실 가까이에서 본 윤두서는 칼을 휘두르는 장수처럼 우락부락했거든.
곧 윤두서가 방에서 나오는데, 정말 손에 길쭉한 걸 들고 있네. 도령의 눈에는 그게 꼭 방망이처럼 보였어. 윤두서가 성큼성큼 다가오자 얼굴이 하얗게 질렸지.
'윽!'
도령은 비명을 내지를까 봐 얼른 손으로 입을 가렸어.
윤두서는 도령을 힐끔 보더니 자리에 앉아 손에 든 것을 내놓았어.
"보게나."
그것은 방망이가 아니라 두루마리였지.

도령은 우물쭈물하면서 두루마리를 펼쳐 보았어.

"아니, 이건……."

종이에는 백마가 그려져 있었어. 백마는 버드나무에 말고삐가 매어져 있지 않으면 당장에라도 달려 나갈 것 같았어. 버드나무 가지가 낭창거리고, 백마는 힘껏 달리고 싶어 뒷발을 들고 있었지.

도령은 그림 속 풍경이 눈에 익었어. 그래, 윤두서가 말을 하염없이 쳐다보고 있던 그날 강가의 광경이 화폭에 그대로 옮겨져 있었지.

윤두서는 미소를 지으며 물었어.

"그래, 이상한 선비의 그림이 어떠한가?"

"그림을 그리기 위해 말을 지켜보신 줄은 몰랐습니다. 아니, 그럼 나물 캐는 아낙들을 힐끔거리신 것도?"

"오호라, 내가 아낙들을 본 것도 안단 말이지?"

유하백마도

윤두서 | 18세기 초 | 고산윤선도 유물전시관

백마의 의연하고 당당한 모습을 정확하고 치밀한 붓질로 세련되게 묘사하였다.
윤두서의 말 그림은 당대에 신의 경지에 이르렀다는 평가를 받았다.

윤두서의 말에 도령은 아무 대답도 하지 못했어. 윤두서는 껄껄 웃고는 붓을 들었지. 그러고는 집중해서 뭔가를 그리기 시작했어. 붓은 종이 위에서 춤을 추듯 움직이다가 때로는 숨을 꾹 참고 까치발을 하듯 조심스럽게 움직였어.

한참 만에 윤두서가 붓을 내려놓았을 때, 종이에는 산비탈에서 나물을 캐다가 허리를 펴고 선 두 아낙이 있지 뭐야. 도령이 윤두서를 따라가다 본 그 아낙들이 종이에 들어가 있는 거야. 머리에 두건을 쓴 거 하며, 치맛자락을 여민 거 하며 영락없이 딱 그 아낙들의 모습이었어.

"아낙들을 힐끗 보아서 그림을 그리기 쉽지 않았네. 저 아이의 동작을 보고 그리긴 했는데 아무래도 어설프군. 아낙을 그리는 건 어려워."

윤두서는 가벼운 한숨을 내쉬며 말했어.

나물 캐는 여인

윤두서 | 18세기 초 | 고산윤선도 유물전시관

언덕에서 쑥을 캐는 여인들의 고달픈 모습을 바라보는 윤두서의 따뜻한 마음이 느껴진다.
조선 시대 여인을 주인공으로 등장시킨 최초의 작품이자 조선 후기 풍속화의 선구적 작품으로 평가받는다.

도령은 저도 모르게 입 속에서 맴돌던 말이 불쑥 튀어나왔어.
"선비라면 산수화를 그려야지, 왜 천한 일을 하는 사람을 그리십니까?"
도령은 말을 뱉어 놓고는 괘씸하다고 할까 봐 눈치를 살폈어.
윤두서는 자신의 그림을 들여다보면서 말했어.
"일하는 이들의 마음을 헤아리기 위해서네. 평생 뙤약볕에서 일하는 아낙들의 고달픔을 아는 것이지. 선비는 책으로만 배우는 것이 아니라 땀 흘리는 사람들을 보고 배워야 하네."
"마음을 헤아리다……."
도령은 윤두서가 한 말을 작은 소리로 되풀이했지. 그 말이 가슴에 와 닿았거든. 도령은 천한 사람의 마음까지 헤아리는 선비가 왜 벼슬길에 오르지 않는지 궁금했어. 도령은 망설이다가 입을 뗐지.
"나리, 백성을 헤아리시는 분이 왜 벼슬길에는 나가지 않으십니까?"
"학문을 갈고닦으면 마땅히 이롭게 써야 하거늘, 왜 집에 앉아 그림이나 그리고 있냐는 말이지? 허허."
윤두서는 호탕하게 웃으며 마당 한쪽에 있는 꽃나무를 보았어. 오래전 봄날이 떠올랐지.

형과 벗을 잃고 슬픔에 빠지다

윤두서가 서른 살이 되던 해 봄, 나라 안이 어수선했어. 흉년이 이어진 데다 오랫동안 비가 내리지 않아 고을마다 곡식이 동났지. 길에는 굶어 죽은 시신이 즐비했어. 나라에서는 기우제를 지낸다 어쩐다 했지만, 배곯는 백성을 구할 도리가 없었어.
"백성들은 굶어 죽게 생겼는데 관리들은 잘못을 바로잡으려는 상소를 트집 잡고 있으니, 나라 꼴이 제대로 되겠는가?"
어느 날, 이잠이 찾아와 나랏일을 걱정하면서 혀를 끌끌 찼어.
이잠은 윤두서보다 나이가 많았지만, 친구처럼 지냈어.
윤두서는 이잠이 자신을 위로하려고 찾아온 걸 뻔히 알고 있었지.
윤두서의 셋째 형 윤종서가 나라를 쥐락펴락하는 신하들의
잘못을 적은 상소를 임금에게 올렸다가 감옥에 갇혔거든.

"공재, 너무 걱정 말게나. 나라에서 기우제를 지낼 때는 죄인들도 풀어 주지 않던가."
"유배를 보냈던 형님을 다시 한양으로 불러들여 감옥에 가둔 것이 심상치 않습니다. 신하들이 패를 갈라 서로 목에 칼을 들이대고 있는 형편이니 쉽지 않겠지요. 형님을 죄인으로 몰아세우는 쪽에서 순순히 형님을 내보내려 하겠습니까?"
윤두서는 긴 한숨을 내쉬었어. 이잠은 아무 말도 못 하고 윤두서를 안쓰럽게 바라봤어. 며칠 뒤 윤두서가 걱정한 대로 형 윤종서는 끝내 감옥에서 숨을 거두었지.

윤두서의 슬픔은 이루 말할 수가 없었어. 윤두서는 오랫동안 방에 틀어박혀 책만 읽었지.
윤두서를 찾아온 친구들은 방에 쌓여 있는 책을 보고는 고개를 절레절레 흔들었어. 이잠은 책 몇 권을 들춰 보고는 입을 떡 벌렸지.
"도대체 이 책들을 몇 번이나 보았는가? 밥은 먹고 잠은 자는가?
설마 과거를 다시 보려는 건 아니겠지?"
이잠은 낯빛이 어두운 윤두서를 웃길 요량으로 흰소리를 했어.

"과거를 보아 벼슬을 얻는다 한들 뭣하겠습니까?
내 편 네 편 나뉘어 싸우느라 백성은 나 몰라라 하는
벼슬아치가 될 생각은 추호도 없습니다."

윤두서의 말에 모두 고개를 끄덕였어. 이잠은 시무룩하게 말했지.
"하기야 툭하면 역모 죄로 잡아들여 형장에 세우니 옳은 말을
할 수 있는 세상이 아니지. 날마다 살얼음판을 걷는 것과 같네."
"하하, 그리 심각하게 말씀하시면 되레 제가 민망합니다. 세상이
어수선하니 이참에 공부나 하면서 세월을 보내야지요."
윤두서는 이잠을 바라보며 빙긋 웃었어.

윤두서는 몇 년 동안 온갖 책을 보았어. 중국에서 들여온 서양 천문학책이며 수학책도 보았지. 윤두서는 그 책들을 여러 사람에게 보여 주려고 그대로 베껴 적었어.

윤두서는 틈틈이 그림도 그렸는데, 서양의 그림 기법을 자신의 그림에 쓰기도 했지. 쟁반에 과일을 담아 놓은 그림은 서양 그림처럼 어두운 부분과 밝은 부분을 강조해 그렸어. 사람들은 윤두서의 그림을 보고는 신기해했지. 다른 선비들도 이 기법을 따라 하곤 했어. 한양에서 윤두서의 그림은 꽤 유명했지. 그림 좀 본다는 사람들은 앞다퉈 그림을 손에 넣으려고 야단이었어.

석류매지도

윤두서 | 18세기 초 | 고산윤선도 유물전시관

석류와 매화 등을 모아 놓고 그린 정물화로, 명암법을 사용하여 생생한 느낌을 준다.
서양의 명암법을 과감하게 도입한 이 그림은 우리나라 최초의 근대적 정물화로 평가받는다.

어느 해 가을이었어. 이잠이 찾아와 윤두서에게 그림을 부탁했어.

"나이가 들수록 세상을 보는 눈이 흐려질까 봐 염려되네. 평생 학문을 갈고닦은 위인들의 모습을 보면서 나를 되돌아보려 하네. 자네가 위인들의 모습을 좀 그려 주게나."

"재주 없는 사람에게 그림을 다 부탁하시고, 무슨 일이십니까?"

"일은 무슨 일! 한양에서 공재 그림 갖는 게 큰 자랑이거늘, 나도 자랑 좀 해 보려고 한다네."

이잠이 껄껄 웃으며 말하자 윤두서는 가만히 고개를 끄덕였어.

"귀한 벗의 청이니 그 무엇인들 못 하겠습니까? 다만 제 재주가 얕으니 큰 기대는 하지 마십시오."

"어허, 별소리를 다 하는군. 공재 그림이야 대대손손 남겨야지."

그렇게 그림을 부탁한 이잠은
며칠 뒤 임금에게 올린 상소 때문에
잡혀갔어. 이잠은 임금에게 제 배만 불리려는
신하들을 멀리하라는 상소를 올렸다가 도리어
죄를 뒤집어썼지. 나라를 어지럽혔다는 거야. 이잠은
끌려간 지 나흘 만에 매를 맞다 숨을 거두었어.
이잠의 주변 사람들은 행여 자신에게 불똥이
튈까 봐 겁냈어. 이잠과 한통속이라고
몰아세울까 봐 이잠의 집안사람들을 만나면
손사래를 치면서 피했지.

이잠이 죽은 뒤 이잠의 집에는 사람의 발길이 뚝 끊어졌어. 그런데 어느 날, 이잠의 집에 찾아온 사람이 있었어. 바로 윤두서였지.
윤두서는 이잠의 동생 앞에 화첩을 내놓았어. 이잠의 동생은 의아한 얼굴로 화첩을 바라보았지.
"이것이 무엇입니까?"
"고인이 돌아가시기 직전에 제게 부탁한 그림입니다."
"형님이 그림을 부탁했다고요?"
"네, 이 그림을 곁에 두고 보시겠다면서……. 비록 고인은 이 그림을 보지 못하셨으나 영정에라도 올릴까 하여 가져왔습니다."
눈시울이 붉어진 윤두서는 더 말을 잇지 못하고 먼 하늘을 올려다보며 중얼거렸어.

"벗이 보이지 않으니 나는 어디로 갈 것인가?"

윤두서는 아주 오랫동안 슬퍼했어. 나랏일 때문에 형과 벗을 잃은 윤두서는 남은 인생을 더 조용히 살리라 마음먹었지. 몇 년 뒤 고향 해남으로 내려간 것도 시끄러운 세상과 떨어져 있고 싶은 마음 때문이었지.

공자와 제자들

윤두서 | 18세기 초 | 십이성현화상첩 | 국립광주박물관

『십이성현화상첩』은 주공, 공자, 맹자, 주자 등 열두 명의 위대한 유학자를 네 장면에 나누어 담은 그림이다.
〈공자와 제자들〉은 화상첩 두 번째 그림으로 탁상 위에 공자가 앉아 있고,
세 명의 제자 안연, 자유, 증자가 좌우 아래쪽에 자리 잡고 있다.

나는 어떤 사람일까?

윤두서는 해남에서도 조용히 지냈지. 온종일 책을 보거나 그림을 그릴 뿐이었어. 사람을 만나는 일도 드물었어.

하루는 해남 수령이 직접 윤두서를 찾아왔어. 수령은 윤두서가 염전을 만들도록 한 얘기를 꺼내면서 조심스럽게 말했어.

"고을 사람들이 모이기만 하면 어르신을 침이 마르도록 칭찬합니다. 그래서 제가 조정에 어르신의 공을 올렸더니 벼슬자리를 내렸습니다."

윤두서는 미소를 짓더니 고개를 내저었어.

"수령께서 괜한 일을 하셨습니다. 한 고을 사람끼리 서로 도운 것뿐인데, 공이라니요. 게다가 제가 몸이 안 좋아 나랏일을 할 수가 없습니다."

수령은 여러 번 간곡하게 청했지만 소용없었지. 윤두서는 조용히 그림이나 그리면서 살고 싶다며 수령의 청을 거절했어.

고을 사람들은 윤두서가 벼슬자리를 마다했다는 얘기를 듣고는
아쉬워했지. 그러거나 말거나 윤두서는 그림 그리는 일에 열중했어.
하지만 점점 눈이 어두워져서 오랫동안 붓을 들고 있기가 쉽지 않았지.
'나도 이제 다 되었나 보다.'
윤두서는 거울을 세워 놓고 가만히 자신의 얼굴을 들여다봤어.
거울 속에는 쉰 살을 앞둔 남자가 물끄러미 자신을 쳐다보고 있었지.
팔자 주름이 깊게 잡힌 데다 불룩한 눈두덩은 아래로 처져 있고,
눈빛은 흐릿했어.

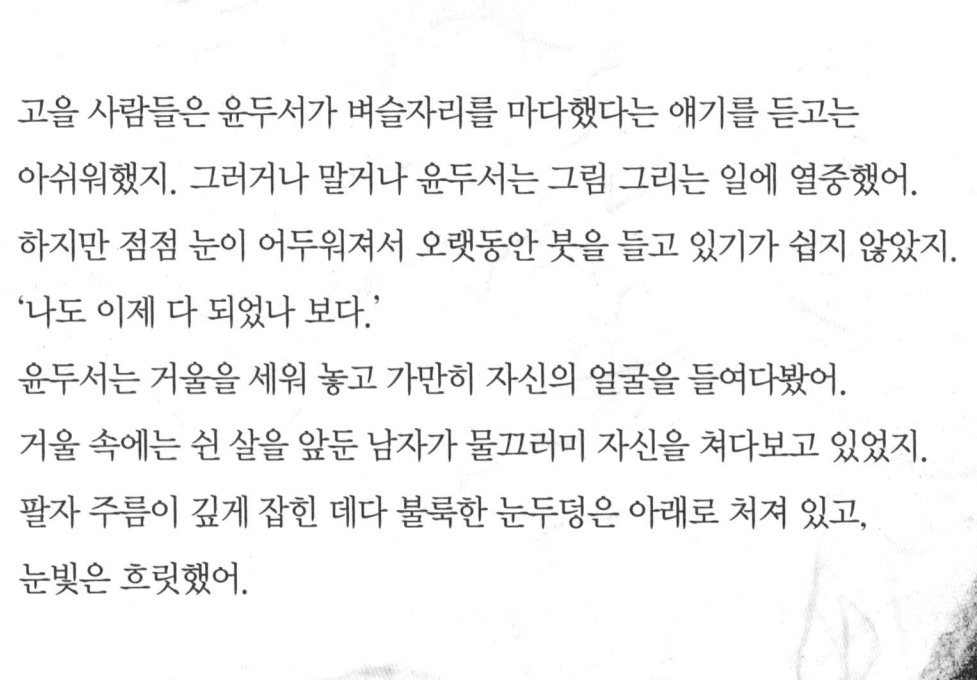

윤두서는 거울 속 남자에게 말하듯 중얼거렸어.
"자네 어찌 그리 늙었는가? 높은 벼슬에 올라 세상을 호령한 것도
아니고, 학식이 뛰어나서 많은 제자를 길러 낸 것도 아닌데 어찌 그리
쉬 늙었는가? 만 권의 책을 보았다 한들 여태 세상의 이치를 깨우치지
못했고, 수백 장의 그림을 그렸다 한들 화폭에 세상을 온전히 담지
못했거늘 이렇게 늙으면 어쩌누?"
윤두서는 거울 속 자신을 보고 있자니 마음이 허전했어. 지금껏 살아온
인생이 허망하게 느껴졌지. 윤두서는 문득 어떤 사람인지 궁금해서
따라다녔다는 도령이 떠올랐어.

"과연 나는 어떤 사람일까? 어떤 사람이었을까?"

윤두서는 창을 활짝 열어젖혔어. 뜰에는 봄꽃들이 피어 있었지.
바람이 한 줄기 불자 꽃잎이 눈처럼 흩날렸어.
"봄이 가는구나."
윤두서는 온종일 뜰만 내다보았어. 책도 손에
잡히지 않고, 붓도 들고 싶지 않았어.

노승도

윤두서 | 18세기 초 | 국립중앙박물관

번뇌를 떨치고 한평생 수행에 힘쓴 늙은 스님의 모습에서 편안함이 느껴진다.
의복과 지팡이의 과감한 붓질과 얼굴의 세밀한 붓질이 묘한 대조를 이루며 풍성한 느낌을 더한다.

그런데 해 질 녘에 찾아온 손님을 보고는 윤두서의 얼굴이 봄날 햇살처럼 환해지지 뭐야.
"태형아, 어찌 된 일이냐? 기별도 없이 이곳까지 오다니……."
"평안하셨습니까?"
태형은 윤두서에게 절을 올렸어. 윤두서는 태형의 손을 꼭 부여잡았어.
"무슨 일이 있어 온 것이냐?"
"아닙니다. 찾아뵌 지가 너무 오래되어서 왔습니다."
"허허, 그래, 오는 길은 힘들지 않았냐?"
"날이 따뜻해 별 탈 없이 왔습니다. 아버님은 강건하시지요?"
"이제 늙을 일만 남았으니 강건하다 한들 예전과 같을까. 살아온 세월이 덧없구나. 요즘 혼자 되묻고 있다. 너는 어떤 사람이냐고."
윤두서가 심각한 얼굴을 하자, 태형이 걱정스레 말했어.
"아버님처럼 훌륭하신 분이 어디 있다고 그런 걱정을 하십니까?"
"훌륭하다? 괜한 말이지. 태형아, 네가 보기에 나는 어떤 사람이냐? 솔직하게 말해 보아라."
윤두서가 진지하게 물었어. 태형은 퍼뜩 십여 년 전이 떠올랐어.

하루아침에 부모를 잃은 자신을 찾아와 함께 살자고 했던 윤두서는 마치 나무와 같았지. 뜨거운 볕을 막아 주고, 비바람에도 끄떡없는 커다란 나무 말이야.

"아버님은 뿌리를 단단히 박고 선 큰 나무 같으신 분입니다. 아버님의 그늘에 있으면 세상에 시름이 없었지요. 아버님이 안 계셨다면 제가 사람 노릇을 하며 살지 못했을 겁니다."

"괜한 말을 하는구나. 네가 어려서부터 영특하여 훌륭하게 자란 것이지."

윤두서는 태형을 흐뭇하게 바라봤어. 태형은 윤두서의 눈을 보면서 말을 이었어.

"아버님의 눈빛은 예나 지금이나 똑같습니다."

"내 눈빛이 어떠하냐?"

"책을 보실 때는 독수리처럼 매섭고, 그림을 그리실 때는 갓 태어나 세상을 신기하게 바라보는 송아지처럼 맑고, 사람들을 보실 때는 새끼를 품은 말처럼 순박하지요."

"내가 너한테 별소리를 다 듣는구나."

윤두서는 겸연쩍은 듯 헛기침을 했어. 그래도 태형의 말에 기운이 났지.

그날 밤, 윤두서는 방에 촛불을 환하게 밝히고 앉아 종이를 펼쳤어.
그러고는 자신의 얼굴을 그리기 시작했지.
윤두서는 거울 속에 비친 자신의 모습을 보면서 지난 세월을 떠올렸어.
어릴 적 부모님과 함께 지냈던 행복한 시절과 혼례를 올리고 어른이
되었던 때, 과거에 급제해 온 가족이 좋아하던 모습이 마치 엊그제 일처럼
생생했지.
하지만 형과 친구가 억울한 죄를 뒤집어쓰고 죽은 일이며, 부모님을 여읜
일이 생각나자 가슴이 미어지듯 아팠어.
물론 즐거운 시절도 있었지. 친구들과 함께 머리를 맞대고 공부하면서
어찌 살아야 옳은지 침을 튀겨 가며 얘기하던 때가 떠오르자 심장이
두근거리지 뭐야. 윤두서는 얼굴이 화끈 달아오르는 것 같아 창을 열고
하늘을 올려다봤어. 달빛이 휘영청 밝았지.

"달빛이 세상을 비추듯 나도 세상의 빛이 되었을까?"

며칠 뒤 윤두서는 자화상을 완성했어.
윤두서의 자화상은 살아온 세월을 담은 일기와 같아.
그렇게 윤두서는 자화상에 자신의 이야기를 담고
얼마 지나지 않아 세상을 떠났어.

윤두서의 자화상을 잘 들여다보렴.
과연 윤두서는 어떤 사람이었을까?

자화상

윤두서 | 18세기 초 | 국보 제 240호 | 고산윤선도 유물전시관

강렬한 눈빛 때문에 처음엔 오래 보기가 힘드나 자꾸만 보고 싶어지고, 쉽게 잊히지 않는 그림이다.
윤두서의 슬픔과 번뇌, 고독과 절망이 오롯이 담겨 있다.

윤두서 1668~1715

윤두서는 해남 윤씨 18대손 윤이후의 넷째 아들로 1668년에 태어났다. 태어난 지 7일 만에 증조할아버지 고산 윤선도의 뜻에 따라 18대 종손 윤이석에게 입양되었다. 5~6세 무렵부터 글씨를 잘 썼고, 시를 잘 읊어서 사람들이 감탄했다는 기록이 남아 있다.

윤두서는 열세 살에 한양으로 이사했다. 스물여섯 살에 진사 시험에 합격했으나 당쟁이 깊어져 벼슬을 포기했다. 서른 살에 셋째 형 윤종서가 고문을 받다가 감옥에서 죽고, 서른아홉 살에는 친한 벗 이잠이 곤장을 맞다 숨을 거두었다. 윤두서는 아픈 마음을 달래며 학문과 시, 서, 화로 일생을 보냈다.

윤두서는 인물, 산수, 동물, 정물, 풍속 등 다양한 소재의 그림을 그렸다. 이전 회화에서 찾아보기 힘든 서양의 명암법을 반영한 정물화를 그렸으며, 말을 아끼고 사랑하여 예리한 관찰력과 정확한 묘사가 돋보이는 말 그림을 그렸다. 윤두서는 특히 인물화에서 뛰어났는데, 다양한 인간의 모습을 깊이 있는 그림으로 표현했다. 윤두서는 백성을 사랑한 선비였다. 일하는 백성을 따뜻한 시선으로 바라보았고, 진지한 모습으로 표현하였다. 김홍도나 신윤복의 그림만큼 완성도가 높지는 않지만 풍속화의 시대를 연 선구자였다.

윤두서는 마흔여섯 살에 고향인 해남으로 돌아왔다. 그 이듬해 큰 기근이 들자 염전을 만들게 하여 백성들을 도왔다. 그 공으로 해남 군수가 벼슬자리를 추천했으나 나가지 않았다. 마흔여덟 살에 감기를 앓다가 갑자기 세상을 떠났다. 100여 년 뒤 외증손자인 다산 정약용이 윤두서의 덧없는 죽음을 안타까워하는 글을 남겼다. 해남의 종가에는 윤두서가 남긴 글씨와 그림, 서적들이 그대로 보존되어 있다.

작품으로는 〈자화상〉, 〈채애도〉, 〈선차도〉, 〈백마도〉 들이 『해남윤씨가전고화첩』(보물 제481호)에 전하고 있다. 〈노승도〉, 〈심득경 초상〉, 〈출렵도〉, 〈우마도권〉, 〈심산지록도〉 들은 국립중앙박물관에 소장되어 있다.